Frédéric Bastiat

Incompatibilités parlementaires

Essai

ISBN : 978-1986086134

10 9 8 7 6 5 4 3 2 1

Frédéric Bastiat

Incompatibilités parlementaires

Essai

Table de Matières

Incompatibilités parlementaires 6

Incompatibilités parlementaires[1]

Citoyens représentants,

Je vous conjure de donner quelque attention à cet écrit.

— « Est-il bon d'exclure de l'Assemblée nationale des catégories de citoyens ? »

— « Est-il bon de faire briller aux yeux des représentants les hautes situations politiques ? »

Voilà les deux questions que j'y traite. La constitution elle-même n'en a pas soulevé de plus importantes.

Cependant, chose étrange, l'une d'elles, la seconde, — a été décidée sans discussion.

Le ministère doit-il se recruter dans la Chambre ? — L'Angleterre dit : *Oui,* et s'en trouve mal. L'Amérique dit : *Non,* et s'en trouve bien. — 89 adopta la pensée américaine ; 1814 préféra l'idée anglaise. — Entre de telles autorités, il y a, ce semble, de quoi balancer. Cependant l'Assemblée nationale s'est prononcée pour le système de la Restauration, importé d'Angleterre ; et cela, sans débat.

L'auteur de cet écrit avait proposé un amendement. Pendant qu'il montait les degrés de la tribune... la question était tranchée. Je propose, dit-il... — La Chambre a voté, s'écrie M. le président. — Quoi ! sans m'admettre à... — La Chambre a voté. — Mais personne ne s'en est aperçu ! — Consultez le bureau, la Chambre a voté.

Certes, cette fois, on ne reprochera pas à l'Assemblée une lenteur systématique !

Que faire ? saisir l'Assemblée avant le vote définitif. Je le fais par écrit, dans l'espoir que quelque voix plus exercée me viendra en aide.

D'ailleurs, pour l'épreuve d'une discussion orale, il faut des

---

1 Cet opuscule, publié en mars 1849, fut réimprimé, en 1850, peu de mois avant la mort de l'auteur. L'opinion qu'il y développe avait dans son esprit des racines profondes, ainsi qu'on peut le voir, au tome 1ᵉʳ, par sa *Lettre à M. Larnac,* qui date de 1846, et, de plus, par l'écrit de 1830, intitulé : *Aux Électeurs du département des Landes.*

poumons de Stentor s'adressant à des oreilles attentives. Décidément, le plus sûr est d'écrire.

Citoyens représentants, en mon âme et conscience, je crois que le titre IV de la Loi électorale est à refaire. Tel qu'il est, il organise l'anarchie. Il en est temps encore, ne léguons pas ce fléau au pays.

Les Incompatibilités parlementaires soulèvent deux questions profondément distinctes, quoiqu'on les ait souvent confondues.

— La représentation nationale sera-t-elle ouverte ou fermée à ceux qui suivent la carrière des fonctions publiques ?

— La carrière des fonctions publiques sera-t-elle ouverte ou fermée aux représentants ?

Ce sont là certainement deux questions différentes et qui n'ont même entre elles aucun rapport, si bien que la solution de l'une ne préjuge rien quant à la solution de l'autre. La députation peut être accessible aux fonctionnaires, sans que les fonctions soient accessibles aux députés, et réciproquement.

La loi que nous discutons est très-sévère quant à l'admission des fonctionnaires à la Chambre, très-tolérante en ce qui concerne l'admission des représentants aux hautes situations politiques. Dans le premier cas, elle me semble s'être laissée entraîner à un radicalisme de mauvais aloi. En revanche, dans le second, elle n'est pas même prudente.

Je ne dissimule pas que j'arrive, dans cet écrit, à des conclusions tout opposées.

Pour passer des places à la Chambre, pas d'exclusion, mais précautions suffisantes.

Pour passer de la Chambre aux places, exclusion absolue.

Respect au suffrage universel ! Ceux qu'il fait représentants doivent *être* représentants, et *rester* représentants. Pas d'exclusion à l'entrée, exclusion absolue à la sortie. Voilà le principe. Nous allons voir qu'il est d'accord avec l'utilité générale.

§ I. Les électeurs peuvent-ils se faire représenter par des fonctionnaires ?

Je réponds : Oui, sauf à la société à s'entourer de précautions suffisantes.

Ici je rencontre une première difficulté, qui semble opposer d'avance à tout ce que je pourrai dire une fin de non-recevoir insurmontable. La constitution elle-même proclame le principe de l'incompatibilité entre toute *fonction* publique rétribuée et le mandat de représentant du peuple. Or, comme dit le rapport, il ne s'agit pas d'éluder mais d'appliquer ce principe, désormais fondamental.

Je demande s'il y a excès de subtilité à se prévaloir du mot *fonction* dont se sert la constitution, pour dire : Ce qu'elle a entendu exclure, ce n'est pas l'homme, ce n'est pas même le fonctionnaire, c'est la fonction, c'est le danger qu'elle pourrait introduire au sein de l'Assemblée législative. Pourvu donc que la fonction n'entre pas et reste à la porte, dut-elle être reprise à la fin de la législature, par le titulaire, le vœu de la constitution est satisfait.

L'Assemblée nationale a interprété ainsi l'article 28 de la constitution, à l'occasion de l'armée, et comme je n'arrive à autre chose qu'à étendre cette interprétation à tous les fonctionnaires, j'ai lieu de croire qu'il me sera permis de ne pas m'arrêter à la fin de non-recevoir que le rapport met sur mon chemin.

Ce que je demande en effet, c'est ceci : Que tout électeur soit éligible. Que les collèges électoraux puissent se faire représenter par quiconque a mérité leur confiance. Mais si le choix des électeurs tombe sur un fonctionnaire public, c'est l'homme et non la fonction qui entre à la Chambre. Le fonctionnaire ne perdra pas pour cela ses droits antérieurs et ses titres. On n'exigera pas de lui le sacrifice d'une véritable propriété acquise, par de longs et utiles travaux. La société n'a que faire d'exigences superflues et doit se contenter de précautions suffisantes. Ainsi, le fonctionnaire sera soustrait à l'influence du pouvoir exécutif; il ne pourra être promu ou destitué. Il sera mis à l'abri des suggestions de l'espérance et de la crainte. Il ne pourra exercer ses fonctions ou en percevoir les émoluments. En un mot, il sera représentant, ne sera que représentant, pendant toute la durée de son mandat. Sa vie administrative sera, pour ainsi dire, suspendue et comme absorbée par sa vie parlementaire. C'est bien là ce qu'on a fait pour les militaires, grâce à la distinction entre le grade et l'emploi. Par quel motif ne le ferait-on pas pour les magistrats ?

Qu'on veuille bien le remarquer : l'*incompatibilité,* prise dans le sens de l'*exclusion,* est une idée qui dut naturellement se présenter et se populariser sous le régime déchu.

À cette époque, aucune indemnité n'était accordée aux députés non fonctionnaires, mais ils pouvaient se faire de la députation un marche pied vers les places lucratives. Au contraire, les fonctionnaires publics nommés députés continuaient à recevoir leurs traitements. À vrai dire, ils étaient payés, non comme fonctionnaires, mais comme députés, puisqu'ils ne remplissaient pas leurs fonctions, et que, si le ministre était mécontent de leurs votes, il pouvait, en les destituant, leur retirer tout salaire.

Les résultats d'une telle combinaison devaient être et furent, en effet, déplorables. D'un côté, les candidats non fonctionnaires étaient fort rares dans la plupart des arrondissements. Les électeurs étaient *libres* de choisir ; oui, mais le cercle du choix ne s'étendait pas au delà de cinq à six personnes. La première condition de l'éligibilité était une fortune considérable. Que si un homme, seulement dans l'aisance, se présentait, il était repoussé avec quelque raison, car on le soupçonnait d'avoir de ces vues ultérieures que la charte n'interdisait pas.

D'un autre côté, les candidats fonctionnaires pullulaient. C'était tout simple. D'abord une indemnité leur était allouée. Ensuite la députation était pour eux un moyen assuré de rapide avancement.

Lorsque l'on considère que la guerre aux portefeuilles, conséquence nécessaire de l'accessibilité des ministères aux députés (vaste sujet que je traiterai dans le paragraphe suivant), quand on considère, dis-je, que la guerre aux porte-feuilles suscitait, au sein du parlement, des coalitions systématiquement organisées pour renverser le cabinet, que celui-ci ne pouvait résister qu'à l'aide d'une majorité également systématique, compacte, dévouée ; il est aisé de comprendre à quoi devait aboutir cette double facilité donnée aux hommes à places, pour devenir députés, et aux députés, pour devenir hommes à places.

Le résultat devait être et a été : les services publics convertis en exploitation ; le gouvernement absorbant le domaine de l'activité privée ; la perte de nos libertés, la ruine de nos finances ; la corruption descendant de proche en proche des hautes régions parlementaires jusqu'aux dernières couches électorales.

Dans ces circonstances, il ne faut pas s'étonner si la nation s'attacha au principe de l'incompatibilité comme à un ancre de salut. Tout le monde se souvient que le cri de ralliement des électeurs honnêtes était : « Plus de fonctionnaires à la Chambre ! » Et le programme des candidats : « Je promets de n'accepter ni places, ni faveurs. »

Cependant, la révolution de Février n'a-t-elle rien changé à cet ordre de choses, qui expliquait et justifiait le courant de l'opinion publique ?

D'abord, nous avons le suffrage universel, et évidemment l'influence du gouvernement sur les élections sera bien affaiblie, si même il en reste quelque vestige.

Ensuite, il n'aura aucun intérêt à faire nommer de préférence des fonctionnaires complètement soustraits à son action.

En outre, nous avons l'indemnité égale accordée à tous les représentants, circonstance qui, à elle seule, change complètement la situation.

En effet, nous n'avons plus à redouter, comme autrefois, que les candidats fassent défaut aux élections. Il est plus à craindre que la difficulté vienne de l'embarras du choix. Il sera donc impossible que les fonctionnaires envahissent la Chambre, J'ajoute qu'ils n'y auront aucun intérêt, puisque la députation ne sera plus pour eux un moyen de parvenir. Autrefois, le fonctionnaire accueillait une candidature comme une bonne fortune. Aujourd'hui, il ne pourra l'accepter que comme un véritable sacrifice, au moins au point de vue de sa carrière.

Des changements aussi profonds dans la situation respective des deux classes sont de nature, ce me semble, à modifier les idées que nous nous étions faites de l'*incompatibilité,* sous l'empire de circonstances toutes différentes. Je crois qu'il y a lieu d'envisager le vrai principe et l'utilité commune, non au flambeau de l'ancienne charte, mais à celui de la nouvelle constitution.

L'Incompatibilité, en tant que synonyme d'Exclusion, présente trois grands inconvénients :

1° C'en est un énorme que de restreindre les choix du *suffrage universel*. Le suffrage universel est un principe aussi jaloux qu'absolu. Quand une population tout entière aura environné d'estime, de respect, de confiance, d'admiration, un conseiller de Cour d'appel, par exemple, quand elle aura foi dans ses lumières et ses vertus ; croyez-vous qu'il sera facile de lui faire comprendre qu'elle peut confier à qui bon lui semble le soin de corriger sa législation, excepté à ce digne magistrat?

2° Ce n'est pas une tentative moins exorbitante que celle de dépouiller du plus beau droit politique, de la plus noble récompense de longs et loyaux services, récompense décernée par le libre choix des électeurs, toute une catégorie de citoyens. On pourrait presque se demander jusqu'à quel point l'Assemblée nationale a ce droit.

3° Au point de vue de l'utilité pratique, il saute aux yeux que le niveau de l'expérience et des lumières doit se trouver bien abaissé dans une Chambre, renouvelable tous les trois ans, et d'où sont exclus tous les hommes rompus aux affaires publiques. Quoi! voilà une assemblée qui doit s'occuper de marine, et il n'y aura pas un marin ! d'armée, et il n'y aura pas de militaire ! de législation civile et criminelle, et il n'y aura pas de magistrat !

Il est vrai que les militaires et les marins sont admis, grâce à une loi étrangère à la matière et par des motifs qui ne sont pas pris du fond de la question. Mais cela même est un quatrième et grave inconvénient ajouté aux trois autres. Le peuple ne comprendra pas que, dans l'enceinte où se font les lois, l'épée soit présente et la robe absente, parce qu'en 1832 ou 1834 une organisation particulière fut introduite dans l'armée. Une inégalité si choquante, dira-t-il, ne devait pas résulter d'une loi ancienne et tout à fait contingente. Vous étiez chargé, de faire une loi électorale complète, il en valait bien la peine, et vous ne deviez pas y introduire une inconséquence monstrueuse, à la faveur d'un article perdu du Code militaire. Mieux eût valu l'Incompatibilité absolue. Elle eût eu au moins le prestige d'un principe.

Quelques mots maintenant sur les précautions que la société me semble avoir le droit de prendre à l'égard des fonctionnaires nommés représentants.

On pourra essayer de me faire tomber dans l'inconséquence

et médire : Puisque vous n'admettez pas de limites au choix du suffrage universel, puisque vous ne croyez pas qu'on puisse priver une catégorie de citoyens de leurs droits politiques, comment admettez-vous que l'on prenne, à l'égard des uns, des précautions plus ou moins restrictives, dont les autres sont affranchis ?

Ces précautions, remarquez-le bien, se bornent à une chose : assurer, dans l'intérêt public, l'indépendance, l'impartialité du représentant ; mettre le député fonctionnaire, à l'égard du pouvoir exécutif, sur le pied de l'égalité la plus complète avec le député non fonctionnaire. Quand un magistrat accepte le mandat législatif, que la loi du pays lui dise : Votre vie parlementaire commence ; tant qu'elle durera, votre vie judiciaire sera suspendue. — Qu'y a-t-il là d'exorbitant et de contraire aux principes ? Quand la fonction est interrompue de fait, pourquoi ne le serait-elle pas aussi de droit, puisque aussi bien c'est là ce qui soustrait le fonctionnaire à toute pernicieuse influence ? Je ne veux pas qu'il puisse être promu ou destitué par le pouvoir exécutif, parce que s'il l'était, ce ne serait pas pour des actes relatifs à la fonction, qui n'est plus remplie, mais pour des votes. Or, qui admet que le pouvoir exécutif puisse récompenser ou punir des votes ? — Ces précautions ne sont pas arbitraires. Elles n'ont pas pour but de restreindre le choix du suffrage universel ou les droits politiques d'une classe de citoyens, mais au contraire de les universaliser, puisque, sans elles, il en faudrait venir à l'incompatibilité absolue.

L'homme qui, à quelque degré que ce soit, fait partie de la hiérarchie gouvernementale, ne doit pas se dissimuler qu'il est, vis-à-vis de la société, et sur un point capital relativement au sujet qui nous occupe, dans une position fort différente de celle des autres citoyens.

Entre les fonctions publiques et les industries privées, il y a quelque chose de commun et quelque chose de différent. Ce qu'il y a de commun, c'est que les unes et les autres satisfont à des besoins sociaux. Celles-ci nous préservent de la faim, du froid, des maladies, de l'ignorance ; celles-là de la guerre, du désordre, de l'injustice, de la violence. C'est toujours des services rendus contre une rémunération.

Mais voici ce qu'il y a de différent. Chacun est libre d'accepter ou de refuser les services privés, de les recevoir dans la mesure qui lui convient et d'en débattre le prix. Je ne puis forcer qui que ce soit à acheter mes pamphlets, à les lire, à les payer au taux auquel l'éditeur les mettrait, s'il en avait la puissance.

Mais tout ce qui concerne les services publics est réglé d'avance par la loi. Ce n'est pas moi qui juge ce que j'achèterai de sécurité et combien je la paierai. Le fonctionnaire m'en donne tout autant que la loi lui prescrit de m'en donner, et je le paie pour cela tout autant que la loi me prescrit de le payer. Mon libre arbitre n'y est pour rien.

Il est donc bien essentiel de savoir qui fera cette loi.

Comme il est dans la nature de l'homme de vendre le plus possible, la plus mauvaise marchandise possible, au plus haut prix possible, il est à croire que nous serions horriblement et chèrement administrés, si ceux qui ont le privilège de vendre les produits gouvernementaux avaient aussi celui d'en déterminer la quantité, la qualité et le prix.[1]

C'est pourquoi, en présence de cette vaste organisation qu'on appelle le gouvernement, et qui, comme tous les corps organisés, aspire incessamment à s'accroître , la nation, représentée par ses députés, décide elle-même sur quels points, dans quelle mesure, à quel prix elle entend être gouvernée et administrée.

Que si, pour régler ces choses, elle choisit les gouvernants eux-mêmes, il est fort à croire qu'elle sera bientôt administrée à merci et miséricorde, jusqu'à épuisement de sa bourse.

Aussi je comprends que les hommes portés vers les moyens extrêmes aient songé à dire à la nation : « Je te défends de te faire représenter par des fonctionnaires. » C'est l'incompatibilité absolue.

Pour moi, je suis très-porté à tenir à la nation le même langage, mais seulement à titre de conseil. Je ne suis pas bien sûr d'avoir le droit de convertir ce conseil en prohibition. Assurément, si le suffrage universel est laissé libre, cela veut dire qu'il pourra se tromper. S'ensuit-il que, pour prévenir ses erreurs, nous devions le

---

1 V. au tome IV, les pages 10 et 11 ; au tome VI, le chap. xvii ; et, au présent tome, la page 443 et suiv.

14

dépouiller de sa liberté ?

Mais ce que nous avons le droit de faire, comme chargés de formuler une loi électorale, c'est d'assurer l'indépendance du fonctionnaire élu représentant, de le mettre sur le pied de l'égalité avec ses collègues, de le soustraire aux caprices de ses chefs, et de régler sa position, pendant la durée du mandat, en ce qu'elle pourrait avoir d'antagonique au bien public.

C'est le but de la première partie de mon amendement.

Il me semble tout concilier.

Il respecte le droit des électeurs.

Il respecte, dans le fonctionnaire, le droit du citoyen.

Il détruit cet intérêt spécial qui, autrefois, poussait les fonctionnaires vers la députation.

Il restreint le nombre de ceux par qui elle sera recherchée.

Il assure l'indépendance de ceux par qui elle sera obtenue.

Il laisse entier le droit tout en anéantissant l'abus.

Il élève le niveau de l'expérience et des lumières dans la Chambre.

En un mot, il concilie les principes avec l'utilité.

Mais, si ce n'est pas *avant* l'élection qu'il faut placer l'incompatibilité, il faut certainement la placer *après*. Les deux parties de mon amendement se tiennent, et j'aimerais mieux cent fois le voir repoussé tout entier qu'accueilli à moitié.

§ II. Les représentants peuvent-ils devenir fonctionnaires ?

À toutes les époques, lorsqu'il a été question de *réforme parlementaire,* on a senti la nécessité de fermer aux députés la carrière des fonctions publiques.

On se fondait sur ce raisonnement, qui est en effet très-concluant : Les gouvernés nomment des mandataires pour surveiller, contrôler, limiter et, au besoin, accuser les gouvernants. Pour remplir cette mission, il faut qu'ils conservent, à l'égard du pouvoir, toute leur indépendance. Que si celui-ci enrôle les représentants dans ses cadres, le but de l'institution est manqué. — Voilà l'objection constitutionnelle.

L'objection morale n'est pas moins forte. Quoi de plus triste que de voir les mandataires du peuple, trahissant l'un après l'autre la confiance dont ils avaient été investis, vendre, pour une place, et leurs votes et les intérêts de leurs commettants ?

On avait d'abord espéré tout concilier par la *réélection*. L'expérience a démontré l'inefficacité de ce palliatif.

L'opinion publique s'attacha donc fortement à ce second aspect de l'incompatibilité, et l'article 28 de la constitution n'est autre chose que la manifestation de son triomphe.

Mais, à toutes les époques aussi, l'opinion publique a pensé que l'*Incompatibilité* devait souffrir une exception, et que, s'il était sage d'interdire les emplois subalternes aux députés, il n'en devait pas être de même des ministères, des ambassades, et de ce qu'on nomme *les hautes situations politiques*.

Aussi, dans tous les plans de réforme parlementaire qui se sont produits avant Février, dans celui de M. Gauguier, comme dans celui de M. de Rumilly, comme dans celui de M. Thiers, si l'article 1er posait toujours hardiment le principe, l'article 2 reproduisait invariablement l'exception.

À vrai dire, je crois qu'il ne venait à la pensée de personne qu'il en pût être autrement.

Et comme l'opinion publique, qu'elle ait tort ou raison, finit toujours par l'emporter, l'art. 79 du projet de la Loi électorale n'est encore qu'une seconde manifestation de son triomphe.

Cet article dispose ainsi :

Art. 79. Les fonctions publiques rétribuées auxquelles, par exception à l'article 28 de la Constitution, les membres de l'Assemblée nationale peuvent être appelés, pendant la durée de la législature, par le choix du pouvoir exécutif, sont celles de :

Ministre ;

Sous-secrétaire d'État ;

Commandant supérieur des gardes nationales de la Seine ;

Procureur général à la Cour de cassation ;

Procureur général à la Cour d'appel de Paris ;

Préfet de la Seine.

L'opinion publique ne se modifie pas en un jour. C'est donc

sans aucune espérance dans le succès actuel que je m'adresse à l'Assemblée nationale. Elle n'effacera pas cet article de la loi. Mais j'accomplis un devoir, car je prévois (et puissé-je me tromper !) que cet article couvrira notre malheureuse patrie de ruines et de débris.

Certes, je n'ai pas une foi telle dans ma propre infaillibilité que je ne sache me défier de ma pensée, quand je la trouve en opposition avec la pensée publique. Qu'il me soit donc permis de me mettre à l'abri derrière des autorités qui ne sont pas à dédaigner.

Des députés-ministres ! c'est bien là une importation anglaise. C'est de l'Angleterre, ce berceau du gouvernement représentatif, que nous est venue cette irrationnelle et monstrueuse alliance. Mais il faut remarquer qu'en Angleterre le régime représentatif tout entier n'est qu'un moyen ingénieux de mettre et maintenir la puissance aux mains de quelques familles parlementaires. Dans l'esprit de la constitution britannique, il eût été absurde de fermer aux députés l'accès du pouvoir, puisque cette constitution a précisément pour but de le leur livrer. — Et nous verrons bientôt cependant quelles conséquences hideuses et terribles a eues, pour l'Angleterre même, cette déviation aux plus simples indications du bon sens.

Mais, d'un autre côté, les fondateurs de la république américaine ont sagement repoussé cet élément de troubles et de convulsions politiques. Nos pères, en 89, avaient fait de même. Je ne viens donc pas soutenir une pensée purement personnelle, une innovation sans précédents et sans autorité.

Comme Washington, comme Franklin, comme les auteurs de la constitution de 91, je ne puis m'empêcher de voir dans l'*admissibilité des députés au ministère* une cause toujours agissante de trouble et d'instabilité. Je ne pense pas qu'il soit possible d'imaginer une combinaison plus destructive de toute force, de toute suite dans l'action du gouvernement, un oreiller plus anguleux pour la tête des rois ou des présidents de républiques. Rien au monde ne me semble plus propre à éveiller l'esprit de parti, à alimenter les luttes factieuses, à corrompre toutes les sources d'information et de publicité, à dénaturer l'action de la Tribune et de la Presse, à égarer l'Opinion après l'avoir passionnée, à dépopulariser le vrai pour populariser le faux, à entraver l'administration, à fomenter les haines nationales, à provoquer les guerres extérieures, à ruiner les finances publiques, à user et déconsidérer les gouvernements, à décourager et pervertir les gouvernés, à fausser, en un mot, tous les ressorts du régime représentatif. Je ne connais aucune plaie sociale qui se puisse comparer à celle-là, et je crois que si Dieu lui-même nous eût envoyé, par un de ses anges, une constitution, il suffirait que l'Assemblée nationale y intercalât cet article 70 pour que l'œuvre divine devînt le fléau de notre patrie.

C'est ce que je me propose de démontrer.

J'avertis que mon argumentation est un long syllogisme reposant sur cette prémisse, tenue pour accordée : « LES HOMMES AIMENT LA PUISSANCE. Ils l'adorent avec tant de fureur que, pour la conquérir ou la conserver, il n'est rien qu'ils ne sacrifient, même le repos et le bonheur de leur pays. »

On ne contestera pas d'avance cette vérité d'observation universelle. Mais quand, de conséquence en conséquence, j'aurai conduit le lecteur à ma conclusion, savoir : Le ministère doit être fermé aux représentants ; — il se peut que, ne trouvant à rompre aucune maille de mon raisonnement, il revienne sur le point de départ et me dise : « *Nego majorem,* vous n'avez pas prouvé l'*attrait de la puissance.* »

Eh bien ! je m'obstine à maintenir ma proportion dénuée de preuves ! Des preuves ! Mais ouvrez donc au hasard les annales de l'humanité ! Consultez l'histoire ancienne ou moderne, sacrée ou profane, demandez-vous d'où sont venues toutes ces guerres de races, de classes, de nations, de familles ! Vous obtiendrez toujours cette réponse invariable : De la soif du pouvoir.

Cela posé, la loi n'agit-elle pas avec une bien aveugle imprudence, quand elle offre la candidature du pouvoir aux hommes mêmes qu'elle charge de contrôler, critiquer, accuser et juger ceux qui le détiennent ? Je ne me défie pas plus qu'un autre du cœur de tel ou tel homme ; mais je me défie du cœur humain, quand il est placé, par une loi téméraire, entre le devoir et l'intérêt. Malgré les plus éloquentes déclamations du monde sur la pureté et le désintéressement de la magistrature, je n'aimerais pas à avoir mon petit pécule dans un pays où le juge pourrait prononcer la confiscation à son profit. De même, je plains le ministre qui a à se dire :

« La nation m'oblige à rendre compte à des hommes qui ont bonne envie de me remplacer, et qui le peuvent pourvu qu'ils me trouvent en faute. » Allez donc prouver votre innocence à de tels juges !

Mais ce n'est pas le ministre seulement qu'il faut plaindre ; c'est surtout la nation. Une lutte terrible va s'ouvrir, c'est elle qui fera l'enjeu ; et cet enjeu c'est son repos, son bien-être, sa moralité et jusqu'à la justesse de ses idées.

Les fonctions salariées auxquelles, par exception à l'article 28 de la constitution, les membres de l'Assemblée nationale peuvent être appelés, pendant la durée de la législature, par le choix du pouvoir exécutif, sont celles de MINISTRE.

Oh ! il y a là un péril si grand, si palpable que, si nous n'avions à cet égard aucune expérience, si nous étions réduits à juger par un *à priori,* par le simple bon sens, nous n'hésiterions pas une minute.

Je suppose que vous n'avez aucune notion du régime représentatif. L'on vous transporte, nouvel Astolphe, dans la lune et l'on vous dit : Parmi les nations qui peuplent ce monde, en voici une qui ne sait ce que c'est que repos, calme, sécurité, paix, stabilité. — N'est-elle pas gouvernée ? demandez-vous. Oh ! il n'en est pas de plus gouvernée dans l'univers, vous est-il répondu ; et pour en trouver une autre aussi gouvernée que celle-là, vous parcourriez inutilement toutes les planètes, excepté peut-être la terre. Le pouvoir y est immense, horriblement lourd et dispendieux. Les cinq sixièmes des gens qui reçoivent quelque éducation y sont fonctionnaires publics. Mais enfin les gouvernés y ont conquis un droit précieux. Ils nomment périodiquement des représentants qui font toutes les lois, tiennent les cordons de la bourse et forcent le pouvoir, soit dans son action, soit dans sa dépense, à se conformer à leur décision. — Oh ! quel bel ordre, quelle sage économie doivent résulter de ce simple mécanisme ! dites-vous. Certainement ce peuple a dû trouver ou trouvera, à force de tâtonner, le point précis où le gouvernement réalisera le plus de bienfaits, aux moindres frais. Comment donc m'annoncez-vous que tout est trouble et confusion sous un si merveilleux régime ? — Il faut que vous sachiez, répond votre cicerone, que si les habitants de la lune, ou les Lunatiques, aiment prodigieusement à être gouvernés, il y a une chose qu'ils aiment plus prodigieusement encore, c'est de gouverner. Or, ils ont introduit dans leur admirable constitution un petit article, perdu au milieu de beaucoup d'autres, et dont voici le sens : « Les représentants joignent à la faculté de renverser les ministres celle de les remplacer. En conséquence, s'il se forme, — au sein du parlement, — des partis, des oppositions systématiques, des coalitions qui, à force de bruit et de clameurs, à force de grossir et de fausser toutes les questions, parviennent à dépopulariser et faire succomber le ministère, sous les coups d'une majorité convenablement préparée à cet effet, les meneurs de ces partis, oppositions et coalitions seront MINISTRES *ipao facto* ; et pendant que ces éléments hétérogènes se disputeront le pouvoir, les ministres déchus, redevenus simples représentants, iront fomenter des intrigues, des alliances, des oppositions et des coalitions nouvelles. » — Par le grand Dieu du ciel ! vous écriez-vous, puisqu'il en est ainsi, je ne suis pas surpris que l'histoire de ce peuple ne soit que l'histoire d'une affreuse et permanente convulsion !

Mais revenons de la lune, heureux si, comme Astolphe, nous en rapportons une petite fiole de bon sens. Nous en ferons hommage à qui de droit, lors de la troisième lecture de notre Loi électorale.

Je demande à insister encore sur mon *à priori*. Seulement nous l'appliquerons à des faits existants qui se passent sous nos yeux.

Il y a en France quatre-vingts et quelques parlements au petit pied. On les appelle conseils généraux. Les rapports de préfet à conseil général ressemblent, à beaucoup d'égards, aux rapports de ministre à Assemblée nationale. D'un côté, des mandataires du public qui décident, en son nom, comment, dans quelle mesure, à quel prix il entend être administré. De l'autre, un agent du pouvoir exécutif qui étudie les mesures à prendre, les fait admettre, s'il peut, et une fois admises, pourvoit à leur exécution. Voilà une expérience qui se renouvelle près de cent fois par an sous nos yeux, et que nous apprend-elle ? Certes, le cœur des conseillers généraux est pétri du même limon que celui des représentants du peuple. Il en est peu parmi eux qui ne désirassent autant devenir préfets qu'un député peut souhaiter de devenir ministre. Mais cette idée ne leur vient pas même à l'esprit, et la raison en est simple : la loi n'a pas fait du titre de conseiller un marchepied vers les préfectures. Les hommes, quelque ambitieux qu'ils soient (et ils le sont presque tous), ne poursuivent cependant, *per fas et nefas,* que ce qu'il est possible de saisir. Devant l'impossibilité radicale, le désir s'éteint faute d'aliment. On voit des enfants pleurer pour avoir la lune, mais quand la raison survient, ils n'y pensent plus. Ceci s'adresse à ceux qui me disent : Croyez-vous donc extirper l'ambition du cœur de l'homme ? — Non certes, et je ne le désire même pas. Mais ce qui est très-possible, c'est de détourner l'ambition d'une voie donnée en anéantissant l'appât qu'on y avait imprudemment placé. Vous aurez beau élever des mâts de cocagne, personne n'y montera s'il n'y a pas une proie au bout.

Il est certain que, si une opposition systématique, une coalition mi-blanche et mi-rouge se formait au sein du conseil général, elle pourrait fort bien faire sauter le préfet, mais non mettre les meneurs à sa place. Ce qui est certain aussi, l'expérience le démontre, c'est que, en conséquence de cette impossibilité, de telles coalitions ne s'y forment pas. Le préfet propose ses plans, le conseil les discute, les examine en eux-mêmes, en apprécie la valeur propre au point de vue du bien général. Je veux bien que l'un se laisse influencer par l'esprit de localité, un autre par son intérêt personnel. La loi ne peut refaire le cœur humain, c'est aux électeurs à y pourvoir. Mais il est bien positif qu'on ne repousse pas systématiquement les propositions du préfet, uniquement pour lui faire pièce, pour l'entraver, pour le faire tomber, s'emparer de sa place. Cette guerre insensée, dont en définitive le pays ferait les frais, cette guerre, si fréquente dans nos assemblées législatives qu'elle en est l'histoire et la vie, ne s'est jamais vue dans les assemblées départementales ; mais voulez-vous l'y voir ? Il y a un moyen bien simple. Constituez ces petits parlements sur le patron du grand ; introduisez dans la loi de l'organisation des conseils généraux un petit article ainsi conçu :

« Si une mesure bonne ou mauvaise, proposée par le préfet, est repoussée, il sera destitué. Celui des membres du conseil qui aura dirigé l'opposition sera nommé à sa place, et distribuera à ses compagnons de fortune toutes les grandes fonctions du département, recette générale, direction des contributions directes et indirectes, etc. »

Je le demande, parmi mes neuf cents collègues, y en a-t-il un seul qui osât voter une pareille disposition ? Ne croirait-il pas faire au pays le présent le plus funeste ? Pourrait-on mieux choisir, si l'on était décidé à le voir agoniser sous l'étreinte des factions ? N'est-il pas certain que ce seul article bouleverserait complètement l'esprit des conseils généraux ? N'est-il pas certain que ces cent enceintes, où règnent aujourd'hui le calme, l'indépendance et l'impartialité, seraient converties en autant d'arènes de luttes et de brigues ? N'est-il pas clair que chaque proposition préfectorale, au lieu d'être envisagée en elle-même et dans ses rapports avec le bien public, deviendrait le champ de bataille d'un conflit de personnes ? que chacun n'y chercherait autre chose que des chances pour son parti ? Maintenant, admettons qu'il y a des journaux dans le département ; les parties belligérantes ne feront-elles pas tous leurs efforts pour les attacher à leur fortune ? La polémique de ces journaux ne s'empreindra-t-elle pas des passions qui agitent le conseil ? Toutes les questions n'arriveront-elles pas altérées et faussées devant le public ? Viennent les élections ; comment ce public égaré ou circonvenu pourra-t-il être bon juge ? Ne voyez-vous pas, d'ailleurs, que la corruption et l'intrigue, surexcitées par l'ardeur du combat, ne connaîtront plus de bornes ?

Ces périls vous frappent ; ils vous effraient. Représentants du peuple, vous vous laisseriez brûler la main droite plutôt que de voter, pour les conseils généraux, une organisation aussi absurde et aussi anarchique. Et cependant, qu'allez-vous faire ? Vous allez déposer, dans la constitution de l'Assemblée nationale, ce fléau destructeur, cet effroyable dissolvant que vous repoussez avec horreur des assemblées départementales. Par l'article 79, vous allez proclamer bien haut que ce poison, dont vous préservez les veines, vous en saturez le cœur du corps social.

Vous dites : C'est bien différent. Les attributions des conseils généraux sont très-limitées. Leurs discussions n'ont pas une grande importance ; la politique en est bannie ; ils ne donnent pas des lois au pays, et puis la préfecture n'est pas un objet de convoitise bien séduisant.

Est-ce que vous ne comprenez pas que chacune de vos prétendues objections met à ma portée autant d'*à fortiori* aussi clairs que le jour ? Quoi ! la lutte sera-t-elle moins acharnée, infligera-t-elle au pays de moindres maux, parce que l'arène est plus vaste, le théâtre plus élevé, le champ de bataille plus étendu, l'aliment des passions plus excitant, le prix du combat plus convoité, les questions qui servent de machines de guerre plus brûlantes, plus difficiles, et partant plus propres à égarer le sentiment et le jugement de la multitude ? S'il est fâcheux que l'esprit public se trompe quand il s'agit d'un chemin vicinal, n'est-il pas mille fois plus malheureux qu'il s'égare quand il est question de paix ou de guerre, d'équilibre ou de banqueroute, d'ordre public ou d'anarchie ?

Je dis que l'article 79, qu'il s'applique aux conseils généraux ou aux assemblées nationales, c'est le *désordre savamment organisé* sur le même modèle ; dans le premier cas sur une petite échelle, dans le second sur une échelle immense.

Mais coupons un peu, par un appel à l'expérience, la monotonie des raisonnements.

En Angleterre, c'est toujours parmi les membres du parlement que le roi choisit ses ministres.

Je ne sais si, dans ce pays, le principe de la séparation des fonctions est stipulé au moins sur le papier. Ce qu'il y a de certain , c'est que l'ombre même de ce principe ne se révèle pas dans les faits. Toute la puissance exécutive, législative, judiciaire et spirituelle réside dans une classe à son profit, la classe oligarchique. Si elle rencontre un frein, c'est dans l'opinion, et ce frein est bien récent. Aussi le peuple anglais n'a pas été jusqu'ici gouverné, mais exploité ; ainsi que l'attestent deux milliards de taxes et vingt-deux milliards de dettes. Si depuis quelque temps ses finances sont mieux administrées, l'Angleterre n'en doit pas rendre grâce à la confusion des pouvoirs, mais à l'opinion qui, même privée de moyens constitutionnels, exerce une grande influence, et à cette prudence vulgaire des exploiteurs, qui les a décidés à s'arrêter au moment où ils allaient s'engloutir, avec la nation tout entière, dans le gouffre ouvert par leur rapacité.

Dans un pays où toutes les branches du gouvernement ne sont que les parties d'une même exploitation, au profit des familles parlementaires, il n'est pas surprenant que les ministères soient ouverts aux membres du parlement. Ce qui serait surprenant, c'est qu'il n'en fût pas ainsi, et ce qui l'est bien davantage encore, c'est que cette bizarre organisation soit imitée par un peuple qui a la prétention de se gouverner lui-même, et, qui plus est, de se bien gouverner.

Quoi qu'il en soit, qu'a-t-elle produit en Angleterre même ?

On n'attend pas sans doute que je fasse ici l'histoire des coalitions qui ont agité l'Angleterre. Ce serait entreprendre son histoire constitutionnelle tout entière. Mais je ne puis me dispenser d'en rappeler quelques traits.

Walpole est ministre : une coalition se forme. Elle est dirigée par Pulteney et Carteret pour les *wighs dissidents* (ceux que Walpole n'a pu placer), par Windham pour les torys qui, soupçonnés de jacobitisme, sont condamnés au stérile honneur de servir d'auxiliaires à toutes les oppositions.

C'est dans cette coalition que le premier des Pitt (depuis lord Chatham) commence sa brillante carrière.

L'esprit jacobite, encore vivace, pouvant fournir à la France l'occasion d'une puissante diversion en cas d'hostilité, la politique de Walpole est à la paix. Donc, la coalition sera à la guerre.

« Mettre fin au système de corruption qui asservit le parlement aux volontés du ministère, remplacer dans les rapports extérieurs, par une politique *plus fière*, plus digne, la politique *timide* et exclusivement pacifique de Walpole, » tel est le double but que se propose la coalition. Je laisse à penser ce qu'on y dit de la France.

On ne joue pas impunément avec le sentiment patriotique d'un peuple qui sent sa force. La coalition parle tant et si haut aux Anglais de leur humiliation qu'ils finissent par y croire. Ils appellent la guerre à grands cris. Elle éclate à l'occasion d'un *droit de visite*.

Autant que ses adversaires, Walpole aimait le pouvoir. Plutôt que de s'en dessaisir, il prétend conduire les opérations. Il présente un bill de subsides, la coalition le repousse. Elle a voulu la guerre et refusé les moyens de la faire. Voici son calcul : la guerre faite sans ressources suffisantes sera désastreuse ; alors nous dirons : « C'est la faute du ministre qui l'a faite à contre-cœur. » — Quand une coalition met dans un des plateaux de la balance l'honneur du pays et dans l'autre son propre succès, ce n'est pas l'honneur du pays qui l'emporte.

Cette combinaison réussit. La guerre fut malheureuse et Walpole tomba. L'opposition, moins Pitt, entre aux affaires ; mais composée d'éléments hétérogènes, elle ne peut s'entendre. Pendant cette lutte intestine, l'Angleterre est toujours battue. Une nouvelle coalition se forme. Pitt en est l'âme. Il se tourne contre Carteret. Avec lui, il voulait la guerre ; contre lui, il veut la paix. Il le traite de *ministre exécrable, traître,* lui reprochant un subside aux troupes hanovriennes. Quelques années après, on retrouve ces deux hommes fort bons amis, assis côte à côte dans le même conseil. Pitt dit de Carteret : « Je m'enorgueillis de déclarer que je dois à son patronage, à son amitié, à ses leçons tout ce que je suis. »

Cependant la nouvelle coalition amène une crise ministérielle. Les frères Pelham sont ministres. Quatrième coalition formée par Pulteney et Carteret. Ils renversent les Pelham. Mais ils sont renversés eux-mêmes au bout de trois jours. Pendant que le parlement est en proie à ces intrigues, la guerre continue, et le Prétendant, qui a mis l'occasion à profit, fait des progrès en Écosse. Mais cette considération n'arrête pas les ambitions personnelles.

Pitt conquiert enfin une position officielle assez modeste. Il se fait *gouvernemental* pendant quelques jours. Il approuve tout ce qu'il a blâmé, entre autres le subside aux Hanovriens. Il blâme tout ce qu'il a approuvé, entre autres la résistance au *droit de visite,* invoqué par les Espagnols, et qui lui a servi de prétexte pour fomenter la guerre, guerre qui n'avait été elle-même qu'un prétexte pour renverser Walpole. « L'expérience m'a mûri, dit-il ; j'ai maintenant acquis la conviction que l'Espagne est dans son droit. » — Enfin, la paix se conclut par le traité d'Aix-la-Chapelle, qui replace toutes choses comme elles étaient avant et ne mentionne même pas le droit de visite, qui a mis l'Europe en feu.

Survient une cinquième coalition contre Pitt. Elle n'aboutit pas. Puis une sixième qui présente un caractère particulier ; elle est dirigée par une moitié du cabinet contre l'autre. Pitt et Fox sont bien ministres, mais l'un et l'autre veut être premier ministre. Ils s'unissent, sauf à se combattre bientôt. En effet, Fox s'élève, Pitt tombe, et il n'a rien de plus pressé que d'aller fomenter une septième coalition. Enfin, les circonstances aidant (ces circonstances sont la ruine et l'abaissement de l'Angleterre), Pitt arrive au but de ses efforts. Il est premier ministre de fait. Il aura quatre ans devant lui pour s'immortaliser, car *John Bull* commence à être révolté de toutes ces luttes.

Au bout de quatre ans, Pitt tombe victime d'intrigues parlementaires. Ses adversaires ont d'autant plus facilement raison de lui qu'ils lui jettent sans cesse à la face ses anciens discours. Ici commence une interminable série de crises ministérielles. C'est au point que Pitt, ayant ressaisi un moment le pouvoir au milieu de ces péripéties et croyant faire trop d'honneur au grand Frédéric, en lui proposant une alliance, celui-ci lui fit cette réponse accablante : « Il est bien difficile d'entrer dans un concert de quelque portée avec un pays qui, par l'effet de changements continuels d'administration, n'offre aucune garantie de persistance et de stabilité. »

Mais laissons le vieux Chatham user ses derniers jours dans ces tristes combats. Voici une génération nouvelle, d'autres hommes portant les mêmes noms, un autre Pitt, un autre Fox, qui, pour l'éloquence et le génie, ne le cèdent en rien à leurs devanciers. Mais la loi est restée la même. *Les députés peuvent devenir ministres.* Aussi nous allons retrouver les mêmes coalitions, les mêmes désastres, la même immoralité.

Lord North est chef du cabinet. L'opposition présente un faisceau de noms illustres : Burke, Fox, Pitt, Sheridan, Erskine, etc.

Chatham avait rencontré à son début un ministère pacifique, et naturellement il demandait la guerre. Le second Pitt entre an parlement pendant la guerre ; son rôle est de réclamer la paix.

North résistait au fils, comme Walpole avait résisté au père. L'opposition arriva à la plus extrême violence. Fox alla jusqu'à demander la tête de North.

Celui-ci tombe, un nouveau ministère est composé. Burke, Fox, Sheridan y entrent ; Pitt n'y est pas compris. Quatre mois après, nouveau remaniement, qui fit entrer Pitt dans l'administration et en fit sortir Sheridan, Fox et Burke. Avec qui pense-t-on que Fox va se coaliser ? avec ce même North ! Étrange spectacle ! Fox voulut d'abord la paix parce que le ministère était belliqueux. Maintenant il veut la guerre parce que le ministère est pacifique. On le voit, guerre ou paix sont de la pure stratégie parlementaire.

Tout absurde et odieuse qu'est cette coalition, elle réussit. Pitt succombe, North est mandé au palais. Mais les ambitions individuelles sont arrivées à ce point, qu'il est impossible de mettre un terme à la crise ministérielle. Elle dure deux mois. Message des Chambres, pétitions des citoyens, embarras du roi, rien n'y fait. Les députés candidats-ministres ne démordent pas de leurs exigences. Georges III songe à jeter au vent une couronne si lourde, et je crois qu'on peut faire remonter à cette époque l'origine de la cruelle maladie dont il fut plus tard affligé. En vérité, il y avait bien de quoi perdre la tête.

Enfin on s'accorde. Voilà Fox ministre, laissant North et Pitt dans l'opposition. Nouvelle crise ; nouvelles difficultés. Pitt triomphe et, malgré la fureur de Fox, devenu chef d'une autre coalition, parvient à se maintenir. Fox ne se contient plus et se répand en grossières injures. « Compatissant comme je fais, lui répond Pitt, à la situation de l'honorable préopinant, aux tortures de ses espérances trompées, de ses illusions détruites, de son ambition déçue, je déclare que je me croirais inexcusable, si les emportements d'un esprit, succombant sous le poids de regrets dévorants, pouvaient exciter en moi une autre émotion que celle de la pitié. Je proteste qu'ils n'ont pas la puissance de provoquer mon courroux, pas même mon mépris. »

Je m'arrête. En vérité, cette histoire n'aurait pas de fin. Si j'ai cité des noms illustres, ce n'est certes pas pour le vain plaisir de dénigrer de grandes renommées. J'ai pensé que ma démonstration en aurait d'autant plus de force. Si une loi imprudente a pu abaisser à ce point des hommes tels que les Pitt et les Fox, qu'a-t-elle produit sur des âmes plus vulgaires, — des Walpole, des Burke, des North ?

Ce qu'il faut remarquer surtout, c'est que l'Angleterre a été le jouet et la victime de ces coalitions. L'une aboutit à une guerre ruineuse ; l'autre à une paix humiliante. Une troisième fait échouer le plan de justice et de réparation conçu par Pitt en faveur de l'Irlande. Que de souffrances et de honte ce plan n'eût-il pas épargnées à l'Angleterre et à l'humanité !

Triste spectacle que celui de ces hommes d'Etat livrés à la honte de contradictions perpétuelles ! Chatham, dans l'opposition, enseigne que le moindre symptôme de prospérité commerciale, en France, est une calamité pour la Grande-Bretagne. Chatham, ministre, conclut la paix avec la France, et professe que la prospérité d'un peuple est un bienfait pour tous les autres. Nous sommes habitués à voir dans Fox le défenseur des idées françaises. Il le fut sans doute, quand Pitt nous faisait la guerre. Mais quand Pitt négociait le traité de 1786, Fox disait en propres termes que l'hostilité était l'état naturel, la condition normale des relations des deux peuples.

Malheureusement, ces variations, qui ne sont pour les coalitions que des manœuvres stratégiques, sont prises au sérieux par les peuples. C'est ainsi qu'on les voit implorer tour à tour la paix ou la guerre, au gré des chefs momentanément populaires. C'est là le danger sérieux des coalitions.

On pourra dire avec raison que, depuis quelques années, ces sortes de manœuvres sont si décriées en Angleterre, que les hommes d'État n'osent plus s'y livrer. Qu'est-ce que cela prouve, si ce n'est que, par leurs effets désastreux, elles ont enfin ouvert les yeux du peuple et formé son expérience ? Je sais bien que l'homme est naturellement progressif, qu'il finit toujours par être éclairé, sinon par la prévoyance, du moins par l'expérience, et qu'une institution vicieuse perd à la longue son efficacité pour le mal, à force d'en faire. Est-ce une raison pour l'adopter ? Il ne faut pas croire, d'ailleurs, que l'Angleterre ait échappé depuis bien longtemps à ce fléau. Nous l'avons vue de nos jours en éprouver les cruels effets.

En 1824, l'état des finances étant désespéré, un habile ministre, Huskisson, songea à une grande réforme, qui alors était fort impopulaire. Huskisson dut se contenter de faire quelques expériences pour préparer et éclairer l'opinion.

Il y avait alors dans le parlement un jeune homme, profond économiste, et qui comprit toute la grandeur, toute la portée de cette réforme. Si, en sa qualité de député, l'accès du ministère lui eût été interdit, il n'aurait eu rien de mieux à faire qu'à aider Huskisson dans sa difficile entreprise. Mais il y a aussi dans la constitution anglaise un fatal article 79. Et sir Robert Peel, car c'était lui, se dit : « Cette réforme est belle, c'est moi, moi seul qui l'accomplirai. » Mais pour cela, il fallait être ministre. Pour être ministre, il fallait renverser Huskisson ; pour le renverser, il fallait le dépopulariser ; pour le dépopulariser, il fallait décrier l'œuvre qu'on admirait au fond du cœur. C'est à quoi sir Robert s'attacha.

Huskisson mourut sans réaliser sa pensée. Les finances étaient aux abois. Il fallut songer à un moyen héroïque. Russell proposa un bill qui commençait et impliquait la réforme. Sir Robert ne manqua pas d'y faire une opposition furieuse. Le bill échoua. Lord John Russell conseilla au roi, tant la situation était grave, de dissoudre le parlement et d'en appeler aux électeurs. Sir Robert remplit l'Angleterre d'arguments protectionistes, contraires à ses convictions, mais nécessaires à ses vues. Les vieux préjugés l'emportèrent. La nouvelle chambre renversa Russell, et Peel entra au ministère *avec la mission expresse de s'opposer à toute réforme.* Vous voyez qu'il ne redoutait pas de prendre le chemin le plus long.

Mais sir Robert avait compté sur un auxiliaire qui ne tarda pas à paraître : la détresse publique. La réforme ayant été retardée par ses soins, les finances allaient naturellement de mal en pis. Tous les budgets aboutissaient à des déficit effrayants. Les aliments ne pouvant pénétrer dans la Grande-Bretagne, elle fut en proie à la famine escortée, comme toujours, du crime, de la débauche, de la maladie, de la mortalité. La détresse ! rien n'est plus propre à rendre les peuples changeants. L'opinion, secondée par une ligue puissante, réclama la liberté. Les choses étaient arrivées au point où sir Robert les voulait ; et alors, trahissant son passé, trahissant ses commettants, trahissant son parti parlementaire, un beau jour, il se proclame converti à l'économie politique et réalise lui-même cette réforme, que, pour le malheur de l'Angleterre, il a retardée de dix ans, dans le seul but d'en ravir la gloire à d'autres. Cette gloire, il l'a conquise ; mais l'abandon de tous ses amis et les reproches de sa conscience la lui font payer chèrement.

Nous avons aussi notre *histoire constitutionnelle,* autrement dit : l'histoire de la guerre aux portefeuilles, guerre qui agite et souvent pervertit le pays tout entier. Je ne m'y arrêterai pas longtemps ; aussi bien, ce ne serait que la reproduction de ce qu'on vient de lire, sauf le nom des personnages et quelques détails de mise en scène.

Le point sur lequel je voudrais surtout attirer l'attention du lecteur, ce n'est pas autant sur ce qu'il y a de déplorable dans les manœuvres des coalitions parlementaires que sur ce qu'il y a de plus dangereux dans un de leurs effets, qui est celui-ci : populariser, pour un temps, l'injustice et l'absurdité ; dépopulariser la vérité même.

Un jour, M. de Villèle s'aperçut que l'État avait du crédit et qu'il pouvait emprunter à 4 1/2 pour cent. Nous avions alors une lourde dette, dont l'intérêt nous coûtait 5 pour cent. M. de Villèle songea à faire aux créanciers de l'État cette proposition : Soumettez-vous à ne toucher désormais que l'intérêt tel qu'il prévaut aujourd'hui dans toutes les transactions, ou bien reprenez votre capital ; je suis prêt à vous le rendre. Quoi de plus raisonnable, quoi de plus juste, et combien de fois la France a-t-elle vainement réclamé depuis cette mesure si simple ?

Mais il y avait, à la Chambre, des députés qui voulaient être ministres. Leur rôle naturel, en conséquence de ce désir, était de trouver M. de Villèle en faute en tout et sur tout. Ils décrièrent donc la conversion avec tant de bruit et d'acharnement, que la France n'en voulut à aucun prix. Il semblait que restituer quelques millions aux contribuables, c'était leur arracher les entrailles. Ce bon M. Laffitte, dominé par son expérience financière au point d'oublier son rôle de *coalisé,* s'étant avisé de dire : « Après tout, la conversion a du bon, » fut à l'instant considéré comme renégat, et Paris n'en voulut plus pour député. Rendre impopulaire une juste diminution des intérêts payés aux rentiers !

Puisque les coalitions ont fait ce tour de force, elles en feront bien d'autres. — Tant y a, qu'à l'heure qu'il est nous payons encore cette leçon, et, qui pis est, nous ne paraissons pas disposés à en profiter.

Mais voici M. Molé au pouvoir. Deux hommes de talent sont entrés à la Chambre sous l'empire de la charte nouvelle, qui a aussi son article 79. Cet article a soufflé dans l'oreille de nos deux députés ces mots séducteurs : « Si vous parvenez à faire périr M. Molé à force d'impopularité, un de vous prendra sa place. » Et nos deux champions, qui n'ont jamais pu s'entendre sur rien, s'entendent parfaitement pour amasser sur la tête de M. Molé des flots d'impopularité.

Quel terrain vont-ils choisir ? Ce sera celui des questions extérieures. C'est à peu près le seul où deux hommes d'opinions politiques opposées puissent momentanément se rencontrer. D'ailleurs, il est merveilleusement propre au but qu'on a en vue. « Le ministère est lâche, traître, il humilie le drapeau français ; nous sommes, nous, les vrais patriotes, les défenseurs de l'honneur national. » Quoi de mieux calculé pour abaisser son adversaire et s'élever soi-même aux yeux d'une opinion publique, qu'on sait être si chatouilleuse en fait de point d'honneur ? Il est vrai que si on pousse trop loin, dans les masses, cette exaltation de patriotisme, il en pourra résulter d'abord une échauffourée, ensuite une conflagration universelle. Mais ce n'est là qu'une éventualité secondaire aux yeux d'une coalition, l'essentiel est de saisir le pouvoir.

À l'époque dont nous parlons, M. Molé avait trouvé la France engagée par un traité qui portait textuellement, si je ne me trompe, cette clause : « Quand les Autrichiens quitteront les Légations, les Français quitteront Ancône. » Or, les Autrichiens ayant évacué les Légations, les Français évacuèrent Ancône. Rien au monde de plus naturel et de plus juste. À moins de prétendre que la gloire de la France consiste à violer les traités et que la parole lui a été donnée pour tromper ceux avec qui elle traite, M. Molé avait mille fois raison.

C'est pourtant sur cette question que MM. Thiers et Guizot, secondés par l'opinion égarée, parvinrent à le renverser. Et ce fut à cette occasion que M. Thiers professa, sur la valeur des engagements internationaux, cette fameuse doctrine qui en a fait un homme impossible, car elle ne tendait à rien moins qu'à faire de la France elle-même une nation impossible, au moins parmi les peuples civilisés. Mais le propre des coalitions est de créer à ceux qui y entrent des embarras et des obstacles futurs. La raison en est simple. Pendant qu'on est de l'opposition systématique, on affiche des principes sublimes, on étale un patriotisme farouche, on se revêt d'un rigorisme outré. Quand vient l'heure du succès, on entre au ministère ; mais on est bien forcé de laisser tout ce bagage déclamatoire à la porte, et l'on suit humblement la politique de son prédécesseur. C'est ainsi que toute foi s'éteint dans la conscience publique. Le peuple voit se perpétuer une politique qu'on lui a enseigné à trouver pitoyable. Il se dit tristement : Les hommes qui avaient gagné ma confiance par leurs beaux discours d'opposition, ne manquent jamais de la trahir quand ils sont ministres. — Heureux s'il n'ajoute pas : Je m'adresserai dorénavant, non à des discoureurs, mais à des hommes d'action.

Nous venons de voir MM. Thiers et Guizot diriger, au sein du parlement, contre M. Molé, les batteries d'Ancône. Je pourrais montrer maintenant d'autres coalitions battre M. Guizot en brèche avec les batteries de Taïti, du Maroc, de Syrie. Mais vraiment l'histoire en deviendrait fastidieuse. C'est toujours la même chose. Deux ou trois députés, appartenant à des partis divers, souvent opposés, quelquefois irréconciliables, se mettent en tête qu'ils doivent être ministres, quoi qu'il puisse arriver. Ils calculent que tous ces partis réunis peuvent faire une majorité ou en approcher. Donc, ils se coalisent. Ils ne s'occupent pas de réformes administratives ou financières sérieuses, pouvant réaliser le bien public. Non, ils ne seraient pas d'accord là-dessus. D'ailleurs, le rôle d'une coalition est d'attaquer violemment les hommes et mollement les abus ! Détruire les abus ! mais ce serait amoindrir l'héritage auquel elle aspire ! Nos deux ou trois meneurs se campent sur les questions extérieures. Ils se remplissent la bouche des mots : Honneur national, patriotisme, grandeur de la France, prépondérance. Ils entraînent les journaux, puis l'opinion ; ils l'exaltent, la passionnent, la surexcitent, tantôt au sujet du pacha d'Égypte, tantôt à l'occasion du droit de visite, une autre fois à propos d'un Pritchard. Ils nous conduisent jusqu'à la limite de la guerre. L'Europe est dans l'anxiété. De toute part les armées grossissent et les budgets avec elles. « Encore un effort ! dit la coalition, il faut que le ministère tombe ou que l'Europe soit en feu. » Le ministère tombe en effet ; mais les armées restent et les budgets aussi. Un des heureux vainqueurs entre au pouvoir, les deux autres restent en route, et s'en vont former, avec les ministres déchus, une coalition nouvelle, qui passe par les mêmes intrigues pour aboutir aux mêmes résultats. Que si l'on s'avise de dire au ministère de fraîche date : Maintenant diminuez donc l'armée et le budget, il répond : Eh quoi ! ne voyez-vous pas combien les dangers de guerre renaissent fréquemment en Europe? — Et le peuple dit : Il a raison. — Et la charge s'accroît, à chaque crise ministérielle, jusqu'à ce que, devenue insupportable, les périls factices du dehors sont remplacés par des périls réels au dedans. — Et le ministre dit : Il faut bien armer la moitié de la nation pour tenir l'autre moitié couchée en joue. — Et le peuple, ou du moins cette partie du peuple à qui il reste quelque chose à perdre, dit : Il a raison.

Tel est le triste spectacle qu'offrent au monde la France et l'Angleterre ; si bien que beaucoup de gens sensés en sont venus à se demander si le régime représentatif, quelque logique que la théorie le montre, n'était pas, par sa nature, une cruelle mystification. Cela dépend. Sans l'article 79, il répond aux espérances qu'il avait fait naître, comme le prouve l'exemple des États-Unis. Avec l'article 79, il n'est pour les peuples qu'un enchaînement d'illusions et de déceptions.

Et comment en serait-il autrement ? Les hommes ont rêvé de grandeur, d'influence, de fortune et de gloire. Qui n'y rêve quelquefois ? Tout à coup le vent de l'élection les jette dans l'enceinte législative. Si la constitution du pays leur disait : « Tu y entres représentant et tu y resteras représentant, » quel intérêt auraient-ils, je le demande, à tourmenter, entraver, déconsidérer et renverser le pouvoir ? Mais, loin de leur tenir ce langage, elle dit à l'un : « Le ministre a besoin de grossir ses phalanges, et il dispose de hautes positions politiques que je ne t'interdis pas ; » à l'autre : « Tu as de l'audace et du talent, voilà le banc des ministres ; si tu parviens à les en chasser, ta place y est marquée. »

Alors, et cela est infaillible, alors commencent ces tumultes d'accusations furieuses, ces efforts inouïs pour mettre de son côté la force d'une popularité éphémère, cet étalage fastueux de principes irréalisables, quand on attaque, et de concessions abjectes, quand on se défend. Ce n'est que pièges et contre-pièces, feintes et contre-feintes, mines et contre-mines. La politique devient une stratégie. Les opérations se poursuivent au dehors, dans les bureaux, dans les commissions, dans les comités. Le moindre petit accident parlementaire, une élection de questeur est un symptôme qui fait palpiter les cœurs de crainte ou d'espérance ; s'il s'agissait du Code civil lui-même, on n'y prendrait pas tant d'intérêt. On voit se liguer les éléments les plus hétérogènes et se dissoudre les plus naturelles alliances. Ici, l'esprit de parti forme une coalition. Là, la souterraine habileté ministérielle en fait échouer une autre. S'agit-il d'une loi d'où dépend le bien-être du peuple, mais qui n'implique pas la *question de confiance,* la salle est déserte. En revanche, tout événement que le temps amène, portât-il dans ses flancs une conflagration générale, est toujours le bienvenu, s'il présente un terrain où se puissent appuyer les échelles d'assaut. Ancône, Taïti, Maroc, Syrie, Pritchard, droit de visite, fortifications, tout est bon, pourvu que la coalition y trouve la force qui renversera le cabinet. Alors, nous sommes saturés de ces lamentations dont la forme est stéréotypée : « Au dedans la France est souffrante, etc., etc. ; au dehors la France est humiliée, etc., etc. » Est-ce vrai ? est-ce faux ? On ne s'en met pas en peine. Cette mesure nous brouillera-t-elle avec l'Europe ? Nous forcera-t-elle à tenir éternellement cinq cent mille hommes sur pied ? Arrêtera-t-elle la marche de la civilisation ? Créera-t-elle des obstacles à toute administration future ? Ce n'est pas ce dont il s'agit. Au fond, une seule chose intéresse : la chute ou le triomphe d'un nom propre.

Et ne croyez pas que cette perversité politique n'envahisse au sein du parlement que les âmes vulgaires, les cœurs dévorés d'une ambition de bas étage, les prosaïques amants de places bien rémunérées. Non, elle s'attaque encore et surtout aux âmes d'élite, aux nobles cœurs, aux intelligences puissantes. Pour dompter de tels hommes, il suffit que l'art. 79 éveille au fond de leur conscience, au lieu de cette pensée triviale : *Tu réaliseras tes rêves de fortune,* cette autre pensée bien autrement dominatrice : *Tu réaliseras tes rêves de bien public.* Lord Chatham avait donné des preuves d'un grand désintéressement ; M. Guizot n'a jamais été accusé d'adorer le veau d'or. On a vu ces deux hommes dans les coalitions, et qu'y faisaient-ils ? Tout ce que peut suggérer la soif du pouvoir et pis peut-être que ne pourrait suggérer la soif des richesses. Afficher des sentiments qu'ils n'avaient pas ; se parer d'un patriotisme farouche qu'ils n'approuvaient pas ; susciter des embarras au gouvernement de leur pays, faire échouer les négociations les plus importantes, pousser le journalisme et l'esprit public dans les voies les plus périlleuses, créer à leur propre ministère futur les difficultés de tels précédents, se préparer d'avance de honteuses palinodies ; voilà ce qu'ils faisaient. Et pourquoi ? Parce que le démon tentateur, caché sous la forme d'un article 79, avait murmuré à leur oreille ces mots dont, depuis l'origine, il sait la séduction : « *Eritis sicut dii ;* renversez tout sur votre passage, mais arrivez au pouvoir et vous serez la providence des peuples. » *Et le député succombant prononce des discours,* expose des doctrines, se livre à des actes que sa conscience réprouve. Il se dit : « Il le faut bien pour me frayer la route. Que je parvienne enfin au ministère, je saurai bien reprendre ma pensée réelle et mes vrais principes. »

Il est donc bien peu de députés que la perspective du ministère ne fasse dévier de cette ligne de rectitude, où leurs commettants avaient le droit de les voir marcher. Encore, si la guerre des portefeuilles, ce fléau que le fabuliste aurait pu faire entrer dans sa triste énumération entre la peste et la famine, si, dis-je, la guerre aux portefeuilles se renfermait dans l'enceinte du palais national ! Mais le champ de bataille s'élargit peu à peu jusqu'aux frontières, et par delà les frontières du pays. Les masses belligérantes sont partout ; les chefs seuls sont dans la Chambre. Ils savent que, pour arriver au corps de la place, il faut commencer par emporter les ouvrages extérieurs, le journalisme, la popularité, l'opinion, les majorités électorales. Il est donc fatal que toutes ces forces, à mesure qu'elles s'enrôlent pour ou contre la coalition, s'imprègnent et s'imbibent des passions qui s'agitent dans le parlement. Le journalisme, d'un bout à l'autre de la France, ne discute plus, il plaide. Il plaide chaque loi, chaque mesure, non point en ce qu'elles ont de bon ou de mauvais, mais au seul point de vue de l'assistance qu'elles peuvent prêter momentanément à tel ou tel champion. La presse ministérielle n'a plus qu'une devise : *E sempre bene* ; et la presse opposante, comme la vieille femme de la satire, laisse lire sur son jupon ce mot : *Argumentabor.*

Quand le journalisme est ainsi décidé à tromper le public et à se tromper lui-même, il peut accomplir en ce genre des miracles surprenants. Rappelons-nous le droit de visite. Pendant je ne sais combien d'années ce traité s'exécutait sans que personne en prit souci. Mais une coalition ayant eu besoin d'un expédient stratégique, elle déterra ce malencontreux traité, et en fit la base de ses opérations. Bientôt, aidée du journalisme, elle parvint à faire croire à tous les Français qu'il ne renfermait qu'une clause ainsi conçue : « Les navires de guerre anglais auront le droit de visiter les navires du commerce français. » Il n'est pas besoin de dire l'explosion de patriotisme que devait faire éclater une telle hypothèse. Ce fut au point qu'on ne comprend pas encore comment une guerre universelle put être évitée. Je me rappelle m'être trouvé à cette époque dans un cercle nombreux où l'on fulminait contre l'odieux traité. Quelqu'un s'avisa de dire : *Qui de vous l'a lu ?* Il fut heureux pour lui que les auditeurs ne trouvassent pas de pierres sous leur main, il aurait été infailliblement lapidé.

Au reste, l'enrôlement des journaux dans la guerre de portefeuilles et le rôle qu'ils y jouent ont été dévoilés par l'un d'eux en termes qui méritent d'être reproduits ici (*Presse* du 17 novembre 1845) :

« M. Petetin décrit la presse telle qu'il la comprend, comme il se plaît à la rêver. De bonne foi, croit-il que lorsque le Constitutionnel, le Siècle, etc., s'attaquent à M. Guizot, que lorsqu'à son tour le Journal des Débats s'en prend à M. Thiers, ces feuilles combattent uniquement pour l'idée pure, pour la vérité, provoquées par le besoin intérieur de la conscience ? Définir ainsi la presse, c'est la peindre telle qu'on l'imagine, ce n'est pas la peindre telle qu'elle est. Il ne nous en coûte aucunement de le déclarer, car si nous sommes journaliste, nous le sommes moins par vocation que par circonstance. Nous voyons tous les jours la presse au service des passions humaines, des ambitions rivales, des combinaisons ministérielles, des intrigues parlementaires, des calculs politiques les plus divers, les plus opposés, les moins nobles ; nous la voyons s'y associer étroitement. Mais nous la voyons rarement au service des idées ; et quand, par hasard, il arrive à un journal de s'emparer d'une idée, ce n'est jamais pour elle-même, c'est toujours comme instrument de défense ou d'attaque ministérielle. Celui qui écrit ces lignes parle ici avec expérience. Toutes les fois qu'il a essayé de faire sortir le journalisme de l'ornière des partis pour le faire entrer dans le champ des idées et des réformes, dans la voie des saines applications de la science économique à l'administration publique, il s'est trouvé tout seul, et il a dû reconnaître qu'en dehors du cercle étroit tracé par les lettres assemblées de quatre ou cinq noms propres, il n'y avait pas de discussion possible, il n'y avait pas de politique. »

En vérité, je ne sais plus à quelle démonstration recourir si le lecteur n'est pas scandalisé, épouvanté d'un si effroyable aveu !

Enfin, comme le mal, parti du parlement, envahit le journalisme ; par le journalisme il envahit l'opinion publique tout entière. Comment le public ne serait-il pas égaré, quand, jour après jour, la Tribune et la Presse s'appliquent à ne laisser arriver jusqu'à lui que de fausses lueurs, de faux jugements, de fausses citations et de fausses assertions ?

Nous avons vu que le terrain sur lequel se livre ordinairement la bataille ministérielle, c'est la question extérieure d'abord, ensuite la corruption parlementaire et électorale.

Quant à la question extérieure, tout le monde comprend le danger de ce travail incessant auquel se livrent les coalitions pour attiser les haines nationales, irriter l'orgueil patriotique, persuader au pays que l'étranger ne songe qu'à l'humilier et le pouvoir exécutif qu'à le trahir ! Qu'il me soit permis de dire que ce danger est peut-être plus grand en France que partout ailleurs. Notre civilisation nous fait une nécessité du travail. C'est notre moyen d'existence et de progrès. Le travail se développe par la sécurité, la liberté, l'ordre et la paix.

Malheureusement l'éducation universitaire est en contradiction flagrante avec ces besoins de notre temps. En nous faisant vivre pendant toute notre jeunesse de la vie des Spartiates et des Romains, elle entretient dans nos âmes ce sentiment commun aux enfants et aux barbares : l'admiration de la force brutale. La vue d'un beau régiment, le bruit des fanfares, l'aspect de ces machines que les hommes ont inventées pour se casser réciproquement les bras et les jambes, les poses d'un tambour-major, tout cela nous met en extase. Comme les barbares, nous croyons que *patriotisme* signifie *haine de l'étranger.* Dès que notre intelligence commence à poindre, on ne l'entretient que des vertus militaires, de la grande politique des Romains, de leur profonde diplomatie, de la force de leurs légions. Nous apprenons la morale dans Tite-Live. Notre catéchisme, c'est Quinte-Curce, et on offre à notre enthousiasme, comme l'idéal de la civilisation, un peuple qui avait fondé ses moyens d'existence sur le pillage méthodique du monde entier. Il est aisé de comprendre combien les efforts des coalitions parlementaires, toujours dirigés dans le sens de la guerre, nous trouvent bien disposés à les seconder. Elles ne sauraient semer sur un champ mieux préparé. Aussi il a tenu à bien peu de chose que, dans l'espace de quelques années, elles ne nous aient mis aux prises avec l'Espagne, avec le Maroc, avec la Turquie, avec la Russie, avec l'Autriche, et trois fois avec l'Angleterre. Où en serait la France si de telles calamités n'eussent pas été détournées, à grand'peine et presque malgré elle ? Louis-Philippe est tombé, mais rien ne m'empêchera de dire qu'il a rendu au monde l'immense service de maintenir la paix. Que de sueurs lui a coûtées ce succès digne des bénédictions des peuples !

Et pourquoi ? (c'est ici le cœur de ma thèse) parce qu'à un moment donné la paix n'avait plus pour elle l'opinion publique. Et pourquoi n'avait-elle pas pour elle l'opinion ? Parce qu'elle ne convenait pas aux journaux. Et pourquoi ne convenait-elle pas aux journaux ? Parce qu'elle était importune à tel député, candidat-ministre. Et pourquoi enfin était-elle importune à ce député ? Parce que les accusations de faiblesse, de trahison, ont été, sont et seront toujours l'arme favorite des députés qui, aspirant aux portefeuilles, ont besoin de renverser ceux qui les tiennent.

L'autre point sur lequel les coalitions attaquent ordinairement le ministère, c'est la corruption. À cet égard, pendant le dernier régime, elles avaient beau jeu. Mais cette corruption même, les coalitions n'en font-elles pas, pour ainsi dire, une fatalité ? Le pouvoir qu'on attaque sur un sujet où il a raison, comme, par exemple, quand on veut le pousser à une guerre injuste, se défend d'abord par la raison. Mais bientôt il s'aperçoit qu'elle est impuissante et quelle vient se briser contre une opposition systématique. Alors, quelle ressource lui reste ? C'est de se créer à tout prix une majorité compacte et d'opposer *parti pris* à *parti pris.* Ce fut l'arme défensive de Walpole, ça été celle de M. Guizot. On ne m'accusera pas, j'espère, de présenter ici l'apologie ou la justification de la corruption. Mais je dis ceci : le cœur humain étant donné, les coalitions la rendent fatale. Le contraire implique contradiction, car si le ministère était honnête, il tomberait. Il existe, donc il corrompt. Il n'y a jamais eu de cabinets un peu stables que ceux qui se sont créé ainsi une majorité quand même : Walpole , North, Villèle, Guizot.

Et maintenant que le lecteur veuille bien se représenter un pays où les grandes réunions politiques, les Chambres, les corps électoraux sont incessamment travaillés, d'un côté, par les manœuvres de l'opposition systématique, aidée du journalisme, semant la haine, le mensonge et les idées belliqueuses ; de l'autre, par les manœuvres ministérielles infiltrant la vénalité et la corruption jusqu'aux dernières fibres du corps social ! Et cela dure des siècles. Et cela devient l'état permanent du régime représentatif. Faut-il s'étonner si les honnêtes gens finissent par en désespérer ? Il est vrai que l'on voit de temps en temps les meneurs changer de rôle. Mais cette circonstance ne fait que substituer aux derniers vestiges de la foi un scepticisme universel et indélébile.

Il faut finir. Je terminerai par une considération de la plus haute importance.

L'Assemblée nationale a fait une constitution. Nous devons la respecter profondément. C'est l'ancre de salut de nos destinées. Ce n'est pourtant pas une raison pour fermer les yeux aux dangers qu'à titre d'œuvre humaine elle peut présenter, si surtout nous nous proposons pour but, dans cet examen consciencieux, d'éloigner de toutes les institutions accessoires ce qui serait de nature à développer un germe funeste.

Tout le monde est d'accord, je crois, sur ce point que le danger de notre constitution est de mettre en présence deux pouvoirs qui sont ou peuvent se croire rivaux et égaux, parce qu'ils se prévalent tous deux du suffrage universel d'où ils émanent. Déjà la possibilité d'un conflit insoluble alarme beaucoup d'esprits et adonné naissance à deux théories bien tranchées. Les uns prétendent que la révolution de Février, dirigée contre l'ancien pouvoir exécutif, n'a pu vouloir amoindrir la prépondérance du pouvoir législatif. Le président du conseil a soutenu, au contraire, que si autrefois le ministère devait reculer devant les majorités, il n'en était pas de même aujourd'hui. Quoi qu'il en soit, tous les amis sincères de la sécurité, de la stabilité, doivent désirer ardemment que l'occasion même de ce conflit de pouvoirs ne naisse pas, et que le danger, s'il existe, reste à l'état latent.

S'il en est ainsi, irons nous déposer de gaieté de cœur, dans la loi électorale, une cause évidente de crises ministérielles factices ? En présence de l'énorme difficulté constitutionnelle qui nous frappe et nous épouvante, organiserons- nous, avant de nous séparer, les luttes parlementaires, comme pour multiplier à plaisir les chances du conflit ?

Qu'on songe donc à ceci : ce qu'on appelait autrefois *crises ministérielles*, s'appellera désormais *conflit de pouvoirs*, et en prendra les gigantesques proportions. Nous l'avons déjà vu, quoique la constitution ait à peine deux mois d'existence, et sans l'admirable modération de l'Assemblée nationale, nous serions maintenant en pleine tempête révolutionnaire.

Certes, voilà un motif puissant pour que nous évitions de créer des causes factices de *crises ministérielles*. Sous la monarchie représentative, elles ont fait beaucoup de mal ; mais enfin, il y avait une solution. Le roi pouvait dissoudre la Chambre et en appeler au pays. Si le pays condamnait l'opposition, cela résultait de la majorité nouvelle, et l'harmonie des pouvoirs était rétablie. S'il condamnait le ministère, cela résultait encore de la majorité, et le roi ne pouvait se refuser à céder.

Maintenant la question ne se pose plus entre l'opposition et le ministère. Elle se pose entre le pouvoir législatif et le pouvoir exécutif, tous deux ayant un mandat d'une durée déterminée, c'est-à-dire qu'elle se pose entre deux manifestations du suffrage universel.

Encore une fois, je ne recherche pas ici qui doit céder, je me borne à dire : Acceptons l'épreuve, si elle nous arrive naturellement ; mais ne commettons pas l'imprudence de la faire naître artificiellement plusieurs fois par année.

Or, je le demande, en m'appuyant sur les leçons du passé, déclarer que les représentants peuvent aspirer aux portefeuilles, n'est-ce pas fomenter les coalitions, multiplier les crises ministérielles, ou, pour mieux dire, les conflits de pouvoirs ? Je livre cette réflexion à mes collègues.

Maintenant j'aborde deux objections.

On dit : Vous voyez bien des choses dans l'admissibilité des députés au ministère. À vous entendre, il semble que, sans elle, la république serait un paradis. En leur fermant la porte du pouvoir, croyez-vous donc éteindre toutes les passions ? N'avez-vous pas déclaré vous-même qu'en Angleterre les coalitions deviennent impossibles à force d'être impopulaires, et n'a-t-on pas vu Peel et Russell se prêter réciproquement un loyal concours ?

Cet argument revient à ceci : De ce qu'il y aura toujours de mauvaises passions, concluons qu'il faut mettre dans la loi un aliment à la plus mauvaise de toutes. — Qu'avec le temps et à force de faire du mal les coalitions s'usent, je le crois. Il n'y a pas de fléau dont on n'en puisse dire autant, et c'est un singulier motif pour en mettre le germe dans nos lois. Des guerres inutiles, des, impôts accablants, fruit des coalitions, ont appris à l'Angleterre à les mépriser. Je ne dis pas qu'au bout de deux ou trois siècles, au prix des mêmes calamités, nous ne puissions apprendre la même leçon.

La question est de savoir s'il vaut mieux repousser une mauvaise loi, ou l'adopter sur ce fondement que l'excès du mal qui en sortira provoquera, dans cent ans, une réaction vers le bien.

On dit encore : Interdire le ministère aux députés, c'est priver le pays de tous les grands talents qui se révèlent dans l'Assemblée nationale.

Je dis, moi, que c'est au contraire retenir les grands talents au service du bien général. Montrer à un homme de génie qui est représentant la perspective du pouvoir, c'est l'entraîner à faire cent fois plus de mal, comme membre d'une coalition, qu'il ne fera jamais de bien comme membre d'un cabinet. C'est tourner son génie même contre le repos public.

Ne nous faisons-nous pas d'ailleurs illusion, quand nous nous imaginons que tous les grands talents sont à la Chambre ? Croit-on qu'il n'y a pas, dans toute l'armée, de quoi faire un bon ministre de la Guerre ? dans toute la magistrature, de quoi fournir un bon ministre de la Justice ?

S'il y a des hommes de génie à la Chambre, qu'ils y restent. Ils exerceront une bonne influence sur les majorités et sur les ministères, d'autant qu'ils n'auront plus intérêt à en exercer une mauvaise.

Au reste, l'objection eût-elle quelque valeur, elle s'efface devant les dangers incommensurablement supérieurs des coalitions, conséquences fatales de l'article que je combats. Espérons-nous trouver une solution qui n'ait aucun inconvénient ? De deux maux, sachons choisir le moindre. C'est une singulière logique, à l'usage de tous les sophistes, que celle-ci : Votre proposition a un *petit* inconvénient ; la mienne en a d'énormes. Donc, il faut repousser la vôtre, à cause du *petit* inconvénient qui y est attaché.

Résumons cette trop longue et en même temps trop courte dissertation.

La question des incompatibilités parlementaires, c'est le cœur même de la Constitution. Nous n'en avons remué aucune, depuis un an, qu'il importe autant de bien résoudre.

La solution conforme à la justice, à l'utilité générale me semble résider dans deux principes clairs, simples, incontestables.

1° Pour arriver à l'Assemblée nationale, pas d'exclusion, mais seulement des précautions à l'égard des fonctionnaires publics.

2° Pour passer de la représentation aux places, exclusion absolue.

Eu d'autres termes :

Tout électeur est éligible.

Tout représentant doit rester représentant.

Tout cela se trouve dans l'amendement que j'ai formulé en ces termes :

1° Le fonctionnaire public, nommé représentant, sans perdre ses droits et ses titres, ne pourra être promu ni destitué ; il ne pourra exercer ses fonctions ni en percevoir le traitement pendant toute la durée de son mandat.

2° Un représentant ne peut accepter aucune fonction publique, et notamment celle de Ministre.

ISBN : 978-1986086134